前言

　　遊戲是最好的學習方式，從遊戲中孩子能夠學到
的不僅有知識，還有創造力與想像力。108 課綱強調
跨領域的結合，學習程式語言的目的並不是為了成為一
名程式設計師，真正的目的是在於訓練孩子做跨領域的學
習，從程式語言的學習中進行邏輯思維、美學、工程與數學
的結合，並且學習解決問題的方法。

　　學習是快樂的，陪伴孩子快樂學習也是我們的責任。
讓孩子在童年的成長中，有著快樂學習的回憶，也
希望《不插電也能學編碼》能帶給孩子更多
的學習樂趣。

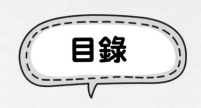

目錄

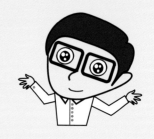

Part 1

0 與 1 的像素圖

利用 0 與 1 在答案頁上畫出簡單的像素圖。

0 = ▢，代表白色，請直接空格跳過。

1 = ■，代表黑色，請塗上顏色。

試試看會變成什麼圖形呢？

0	0	0	0	0	0	0	0
0	0	1	1	1	1	1	0
0	0	1	0	1	0	1	0
1	1	1	1	1	1	1	1
1	1	1	1	1	1	1	1
1	1	1	1	1	1	1	1
0	1	0	0	0	0	1	0
0	0	0	0	0	0	0	0

1代表黑色，請塗上黑色

0 代表白色，直接空格跳過

1	0	0	0	1	1	1	1
1	1	0	0	1	1	1	0
1	1	1	0	1	1	0	0
1	1	1	1	1	0	0	0
0	0	0	1	1	1	1	1
0	0	1	1	0	1	1	1
0	1	1	1	0	0	1	1
1	1	1	1	0	0	0	1

0	0	0	1	1	0	0	0
0	0	1	1	1	1	0	0
0	1	1	1	1	1	1	0
1	1	1	1	1	1	1	1
0	0	0	0	1	0	0	0
0	0	0	0	1	0	0	0
0	0	1	0	1	0	0	0
0	0	0	1	0	0	0	0

0	1	1	1	0	0	0	0
1	1	0	1	0	0	0	1
0	1	1	1	0	0	0	1
0	1	1	1	1	1	1	0
0	1	1	1	1	1	1	0
0	1	1	1	1	1	1	0
0	0	1	0	0	1	0	0
0	0	1	0	0	1	0	0

0	0	0	1	0	0	0	0
0	0	0	1	1	0	0	0
0	0	0	1	1	1	0	0
0	0	0	1	0	0	0	0
0	0	0	1	0	0	0	0
1	1	1	1	1	1	1	1
0	1	1	1	1	1	1	0
0	0	1	1	1	1	0	0

心得筆記

Part 2

解開像素圖的編碼

完成剛剛的圖形之後，接下來試試看將隱藏
在圖形背後的編碼找出來。
依照 □ = 0， ■ = 1 的規則，把圖像
從 □ 和 ■ 轉換為 0 與 1 的編碼。

代表０，請在答案頁的相對應格子中填上「０」

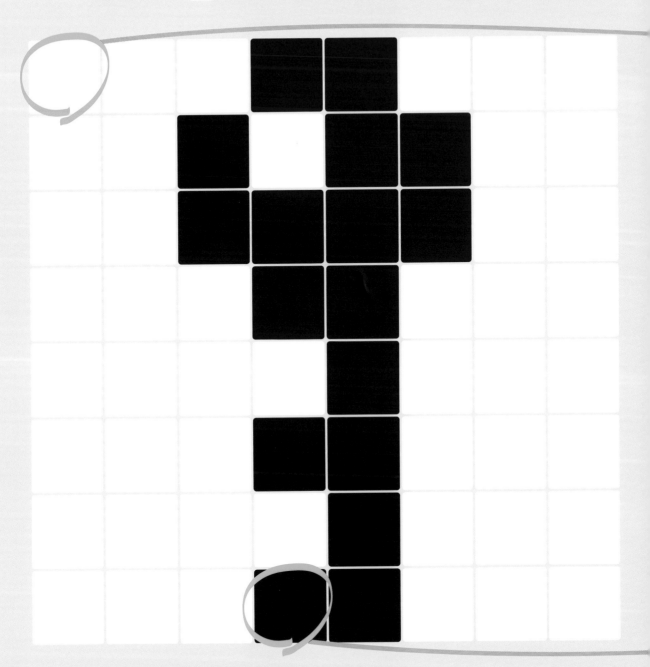

■ 代表１，請在答案頁的相對應格子中填上「１」

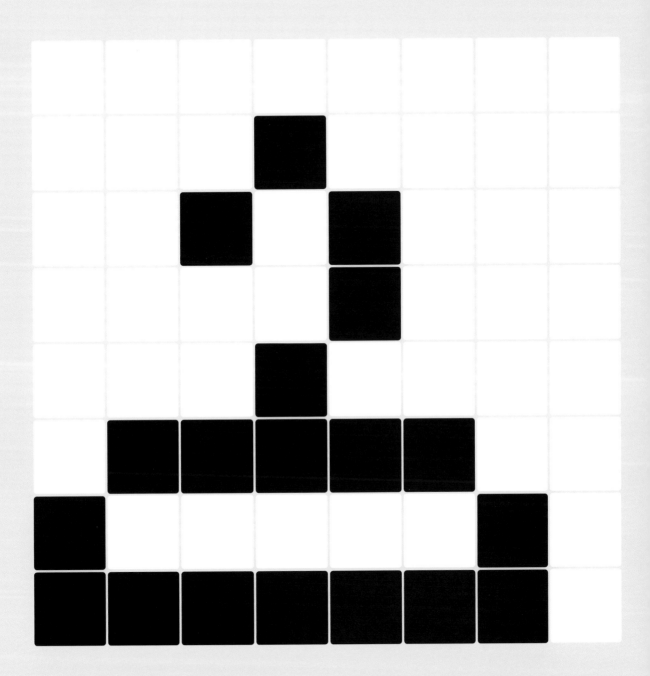

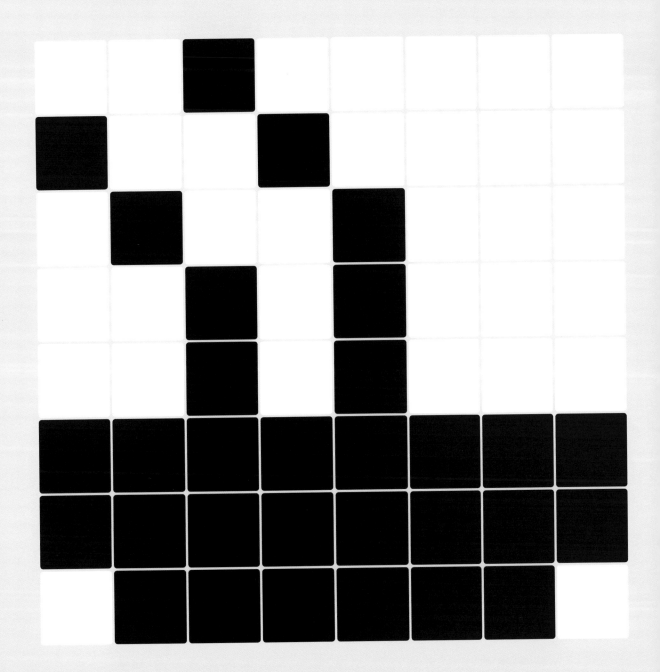

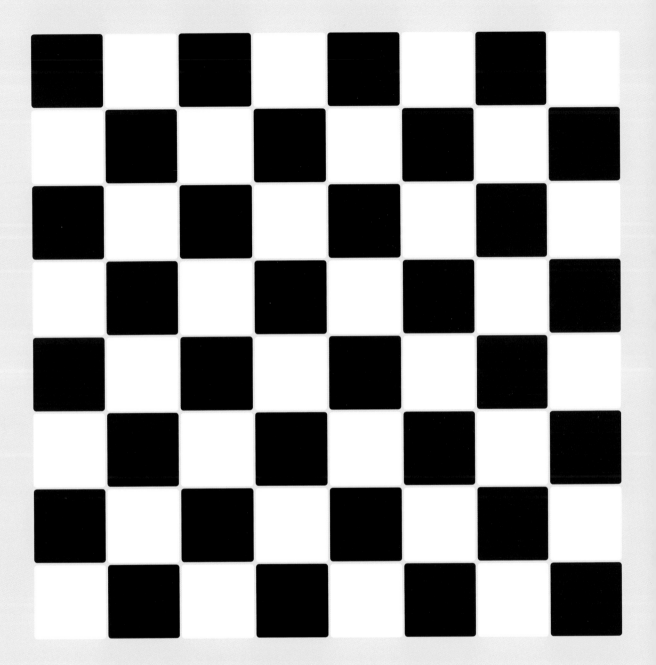

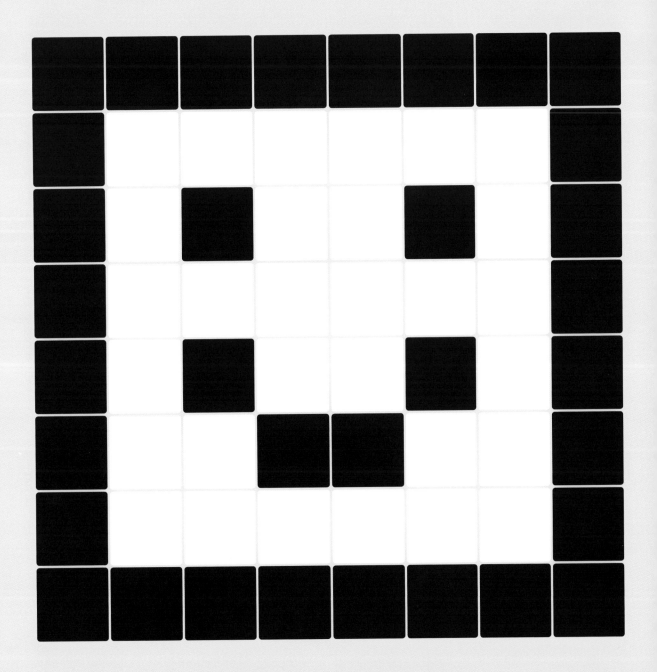

心得筆記

Part 3

用 0 與 1 完成圖形

接下來再來挑戰做出 2 倍大的像素圖形。

0 = ⬜，代表白色，請直接空格跳過。

1 = ⬛，代表黑色，請搭配貼紙頁的黑色貼紙或塗色。

0	0	0	0	0	0	0	1	1	0	0	0	0	0	0	0
0	0	0	0	0	0	1	1	1	1	0	0	0	0	0	0
0	0	0	0	0	0	1	1	1	1	0	0	0	0	0	0
0	0	0	0	0	0	0	1	1	0	0	0	0	0	0	0
0	0	0	0	0	0	0	0	0	0	0	0	0	0	0	0
0	0	0	0	0	1	1	1	1	1	0	0	0	0	0	0
0	0	0	0	1	0	1	1	1	1	0	1	0	0	0	0
0	0	0	0	1	0	1	1	1	1	0	1	0	0	0	0
0	0	0	0	1	0	1	1	1	1	0	1	0	0	0	0
0	0	0	0	0	0	1	1	1	1	0	0	0	0	0	0
0	0	0	0	0	0	1	1	1	0	0	0	0	0	0	0
0	0	0	0	0	0	1	0	0	1	0	0	0	0	0	0
0	0	0	0	0	0	1	0	0	1	0	0	0	0	0	0
0	0	0	0	0	0	1	0	0	1	0	0	0	0	0	0
0	0	0	0	0	1	1	0	0	1	1	0	0	0	0	0

代表黑色，請貼上黑色貼紙
或塗上黑色

代表白色，直接空格跳過

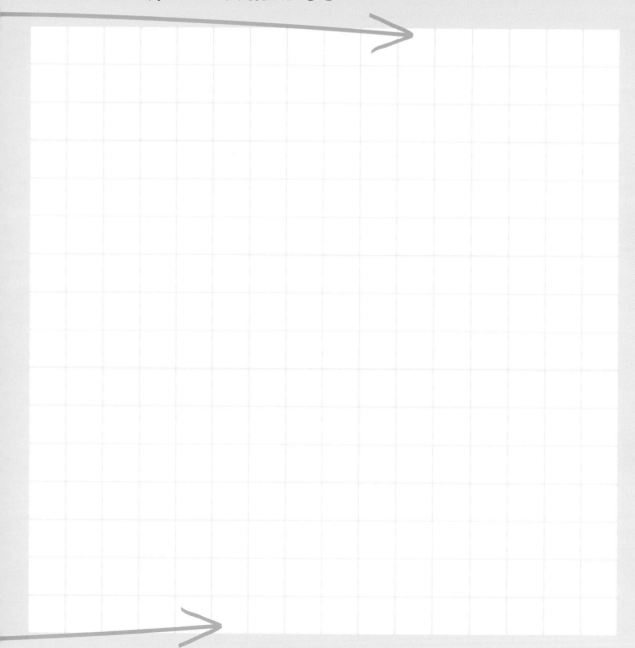

0	0	0	0	0	0	0	0	0	0	0	0	0	0	0	0
0	0	0	0	0	0	0	0	0	0	0	0	0	0	0	0
0	1	0	0	0	1	0	0	0	0	0	0	0	0	0	0
0	1	0	0	0	1	0	0	0	0	0	0	0	0	0	0
0	1	0	0	0	1	0	0	0	0	0	0	0	0	1	1
1	1	1	1	1	1	1	0	0	0	0	0	0	1	0	0
1	1	1	1	1	0	1	0	0	0	0	0	1	0	0	0
1	1	1	1	1	0	1	0	0	0	0	0	1	0	0	0
1	1	1	1	1	0	1	0	0	0	0	0	1	0	0	0
1	1	1	1	1	1	1	0	0	0	0	0	1	0	0	0
0	1	1	1	1	1	0	0	0	0	0	0	1	0	0	0
0	0	1	1	1	0	0	0	0	0	0	0	1	0	0	0
0	0	0	1	0	0	0	0	0	0	0	0	1	0	0	0
0	0	0	1	0	0	0	0	0	0	0	0	1	0	0	0
0	0	0	0	1	0	0	0	0	0	0	1	0	0	0	0
0	0	0	0	0	1	1	1	1	1	1	0	0	0	0	0

0	0	1	0	0	0	0	0	0	0	0	0	0	1	0	0
0	0	1	1	0	0	0	0	0	0	0	0	1	1	0	0
0	1	1	1	0	0	0	0	0	0	0	0	1	1	1	0
0	1	1	1	0	0	0	0	0	0	0	0	1	1	1	0
0	1	1	1	1	0	0	0	0	0	0	1	1	1	1	0
0	0	1	1	1	0	1	1	1	1	0	1	1	1	0	0
0	0	0	0	1	1	0	0	0	0	1	1	0	0	0	0
0	0	0	1	1	0	0	0	0	0	0	1	1	0	0	0
0	0	0	1	0	0	0	0	0	0	0	0	1	0	0	0
0	0	1	0	0	1	0	0	0	0	1	0	0	1	0	0
0	0	1	0	0	0	0	1	1	0	0	0	0	1	0	0
0	1	0	0	0	0	0	1	1	0	0	0	0	0	1	0
0	1	0	0	0	0	1	0	0	1	0	0	0	0	1	0
0	0	1	0	0	1	0	0	0	0	1	0	0	1	0	0
0	0	0	1	0	0	0	0	0	0	0	0	1	0	0	0
0	0	0	0	1	1	1	1	1	1	1	1	0	0	0	0

0	0	0	0	1	0	0	1	0	0	1	0	0	0	0	0
0	0	0	1	0	0	1	0	0	1	0	0	0	0	0	0
0	0	0	0	1	0	0	1	0	0	1	0	0	0	0	0
0	0	0	1	0	0	1	0	0	1	0	0	0	0	0	0
0	0	0	0	1	0	0	1	0	0	1	0	0	0	0	0
0	0	0	0	0	0	0	0	0	0	0	0	0	0	0	0
0	0	1	1	1	1	1	1	1	1	1	1	1	1	0	0
0	0	1	1	1	1	1	1	1	1	1	1	0	1	1	0
0	0	1	0	1	1	1	1	1	1	1	1	0	0	1	0
0	0	1	0	1	1	1	1	1	1	1	1	0	1	1	0
0	0	1	0	1	1	1	1	1	1	1	1	0	1	0	0
0	0	1	0	1	1	1	1	1	1	1	1	1	0	0	0
0	0	1	1	0	1	1	1	1	1	1	1	0	0	0	0
0	0	0	1	1	1	1	1	1	1	1	0	0	0	0	0
0	0	0	0	1	1	1	1	1	1	0	0	0	0	0	0
0	0	0	0	0	0	0	0	0	0	0	0	0	0	0	0

0	0	0	0	0	0	0	0	0	0	0	0	0	0	0	0
0	1	1	1	1	1	1	1	1	1	1	0	0	0	0	0
0	0	0	0	0	0	1	0	0	0	0	0	0	0	0	0
0	0	0	0	0	0	1	0	0	0	0	0	0	0	0	0
0	0	0	0	1	1	1	1	1	0	0	0	0	0	0	1
0	0	0	1	1	1	1	1	1	1	1	0	0	0	1	1
0	0	1	0	1	1	0	0	0	0	1	1	1	1	1	1
0	1	0	0	1	1	1	1	1	1	1	1	1	1	1	1
1	0	0	0	1	1	1	1	1	1	1	1	0	0	0	0
1	1	1	1	1	1	1	1	1	1	1	0	0	0	0	0
1	1	1	1	1	1	1	1	1	1	0	0	0	0	0	0
0	1	1	1	1	1	1	1	1	0	0	0	0	0	0	0
0	0	0	1	0	0	0	0	1	0	0	0	0	0	0	0
0	0	0	1	0	0	0	0	1	0	0	0	0	0	0	0
1	1	1	1	1	1	1	1	1	1	0	0	0	0	0	0
0	0	0	0	0	0	0	0	0	0	0	0	0	0	0	0

心得筆記

Part 4

找出編碼路徑

依照 0 與 1 的不同排列，會產生四種不同
的編碼與方向。請依照不同的編碼指令，找
出起點到終點的路徑吧！

00 表示往上移動 ↑；01 表示往右移動 ➡；11 表示往下移動 ↓；10 表示往左移動 ←。
依照二進位密碼所代表的方向，從起點找到終點的路徑。

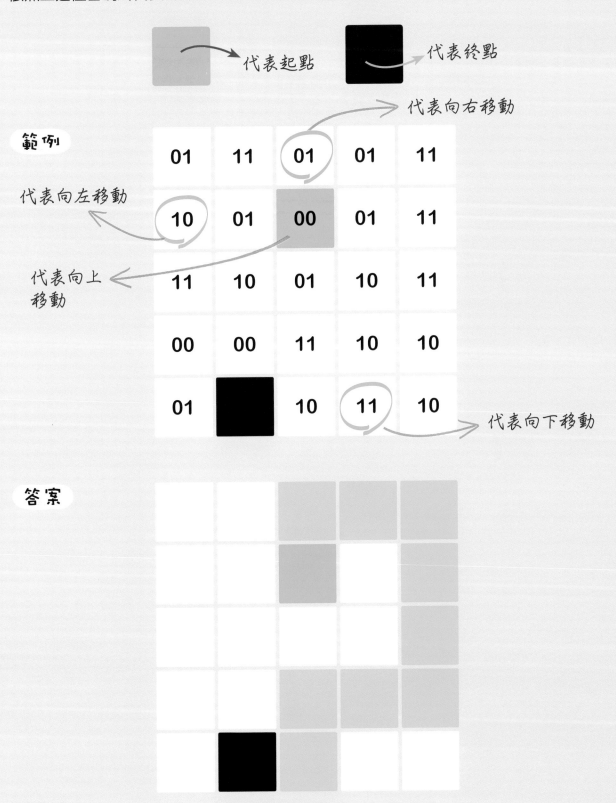

00	⬛	10	10	10
10	00	01	10	00
11	00	01	01	00
10	11	00	10	01
10	00	00	10	🟦 10

答案

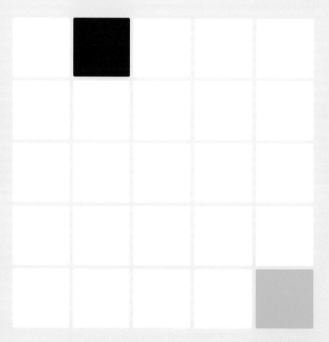

00	01	01	11	10
11	10	01	11	11
00	11	00	01	11
11	10	10	01	11
■	11	00	10	10

答案

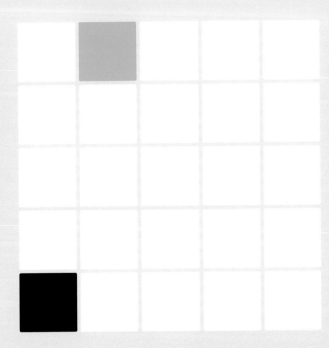

01	01	11	11	11
01	■	10	01	11
00	11	10	00	11
00	10	10	11	10
01	00	10	10	00

答案

	■			

01	01	01	11	10
00	11	11	01	11
00	10	00	00	11
00	01	01	10	11
00	11	■	10	10

答案

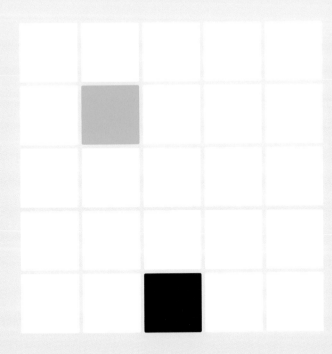

11	10	11	01	11
00	00	10	11	11
11	10	01	11	10
■	00	11	11	10
11	00	10	10	11

答案

■				

11	01	01	11	00	10
10	00	01	01	11	11
11	10	00	00	01	11
10	11	10	10	00	11
10	11	00	00	10	10
10	01	■	11	11	01

答案

		■			

題目 **4-7**

01	01	11	00	11	10
00	10	11	10	01	10
11	01	01	01	11	00
■	10	11	01	01	11
10	00	10	10	10	11
01	11	00	00	10	10

答案

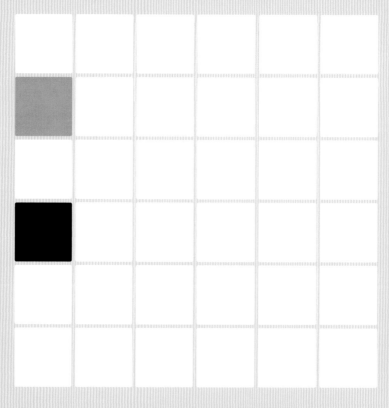

01	11	10	01	01	11
11	01	01	00	10	11
01	00	10	11	11	10
00	10	01	11	11	01
00	10	■	10	10	10
11	01	01	10	11	01

答案

		■			

題目 **4-9**

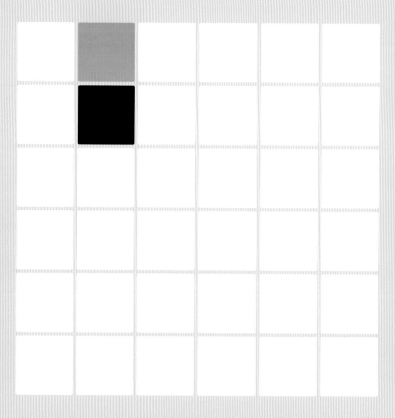

10	01	01	01	11	01
10		10	01	11	00
01	00	01	01	01	11
00	10	00	10	11	11
00	10	01	10	11	10
01	00	10	10	10	11

答案

10	11	10	10	10	00
00	■	01	01	00	10
01	01	01	01	00	11
00	01	10	01	10	11
00	10	10	01	11	10
10	11	00	10	10	00

答案

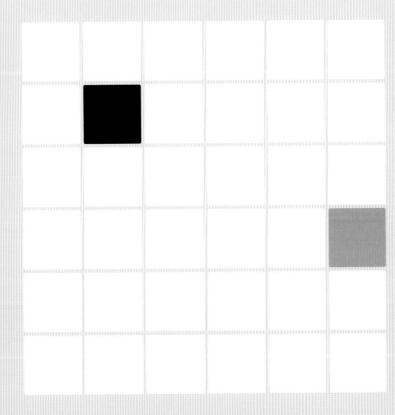

Part 5

依照指令畫出像素圖

經過前面的練習，你應該已經熟悉的 0 與 1
的像素編碼了吧！現在讓我們整合前面學到
的編碼，另外再加上迴圈的概念，做出更豐
富的彩色像素圖形（請搭配貼紙使用）。

遊戲說明

在此單元中，每一題都會有 16 行，從編號 1 到 16 的行數（左右向），
以及 16 列從 A 到 P 的列數（上下向），所共同構成的方格狀。

表示F列有13格白色，
2格藍色，1格白色。

完成圖示如下：

1	2	3	4	5	6	7	8	9	10	11	12	13	14	15	16

F

②迴圈表示方式如下：

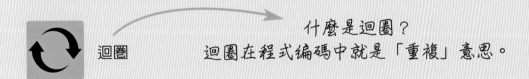

迴圈

什麼是迴圈？
迴圈在程式編碼中就是「重複」意思。

需要重複的指令會使用橘色框線圈起，迴圈圖示內的數字表示重複的次數。

此範例代表 1 格貼上紅色貼紙
或塗色，再一格空白，以上的
指令要重複 2 次。

完成圖示如下：

1次　　2次

054

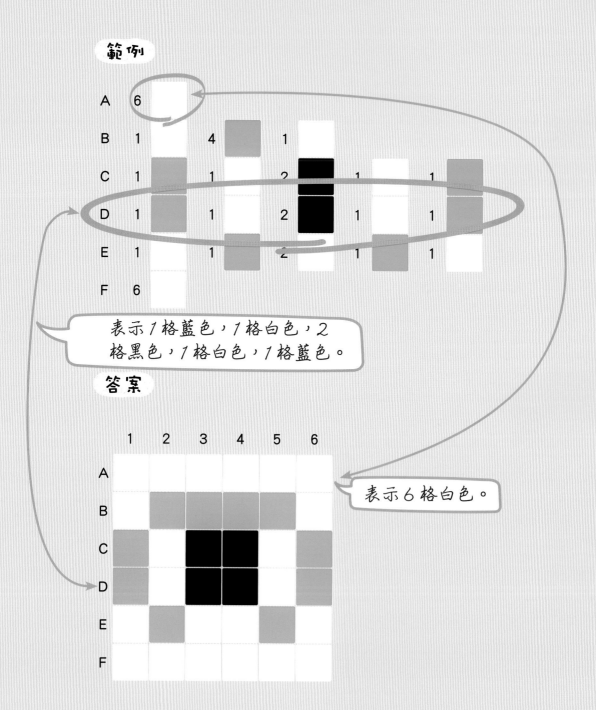

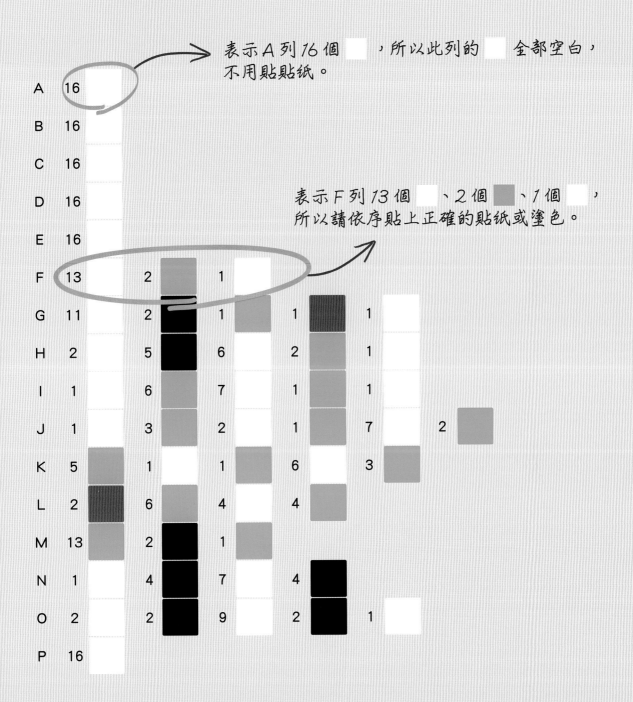

表示 A 列 16 個 ▢，所以此列的 ▢ 全部空白，
不用貼貼紙。

表示 F 列 13 個 ▢、2 個 ▨、1 個 ▢，
所以請依序貼上正確的貼紙或塗色。

答案

	1	2	3	4	5	6	7	8	9	10	11	12	13	14	15	16
A																
B																
C																
D																
E																
F																
G																
H																
I																
J																
K																
L																
M																
N																
O																
P																

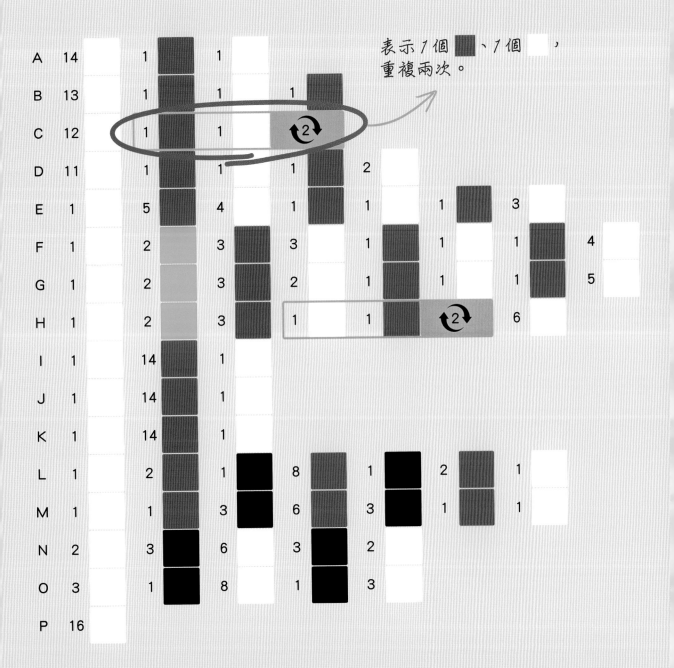

表示 1 個 ⬛ 、1 個 ⬜ ，
重複兩次。

答案

	1	2	3	4	5	6	7	8	9	10	11	12	13	14	15	16
A																
B																
C																
D																
E																
F																
G																
H																
I																
J																
K																
L																
M																
N																
O																
P																

A	7		2	■	7						
B	7		2	■	7						
C	7		2	■	7						
D	6		4	■	6						
E	5		2	■	2	■	2	■	5	□	
F	5		6	■	5						
G	4		1	■	2	■	2	■	2	■	1	■	4	□
H	4		1	■	6	■	1	■	4	□		
I	5		2	■	2	■	2	■	5	□	
J	5		6	■	5						
K	5		6	■	5						
L	4		1	■	2	■	2	■	2	■	1	■	4	□
M	3		10	■	3						
N	2		12	■	2						
O	2		2	■	3	□	↻2		2	■	2	□	
P	2		1	■	4	□	2	■	4	□	1	■	2	□

答案

	1	2	3	4	5	6	7	8	9	10	11	12	13	14	15	16
A																
B																
C																
D																
E																
F																
G																
H																
I																
J																
K																
L																
M																
N																
O																
P																

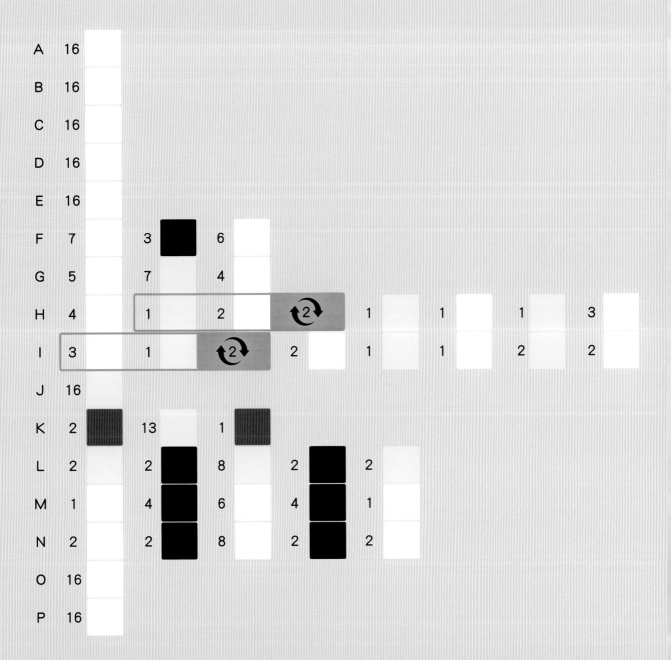

答案

	1	2	3	4	5	6	7	8	9	10	11	12	13	14	15	16
A																
B																
C																
D																
E																
F																
G																
H																
I																
J																
K																
L																
M																
N																
O																
P																

A	16						
B	16						
C	16						
D	16						
E	16						
F	16						
G	2	14					
H	2	2	1	↻4↺	2		
I	2	2	1	↻4↺	2		
J	1	15					
K	1	15					
L	1	14	1				
M	2	2	8	2	2		
N	1	4	6	4	1		
O	2	2	8	2	2		
P	16						

	1	2	3	4	5	6	7	8	9	10	11	12	13	14	15	16
A																
B																
C																
D																
E																
F																
G																
H																
I																
J																
K																
L																
M																
N																
O																
P																

像素圖解碼

在前面的單元中，我們根據指令畫出像素圖形。
在這單元，讓我們試著將像素圖形拆解，
把它還原成原先的編碼指令。

遊戲說明

試著將圖形拆解成原先的編碼指令。

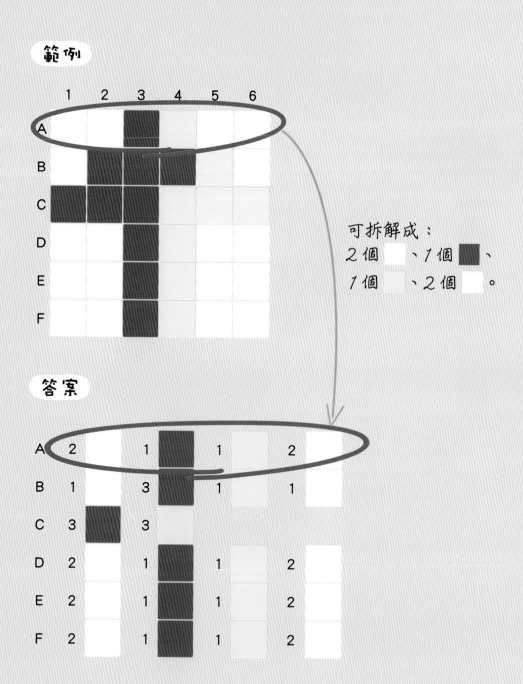

範例

可拆解成：
2 個 ⬜ 、1 個 ⬛ 、
1 個 ⬜ 、2 個 ⬜ 。

答案

表示 ☐ 有 16 個

表示有 ☐ 1個, ▨ 2個, 再 ☐ 13個

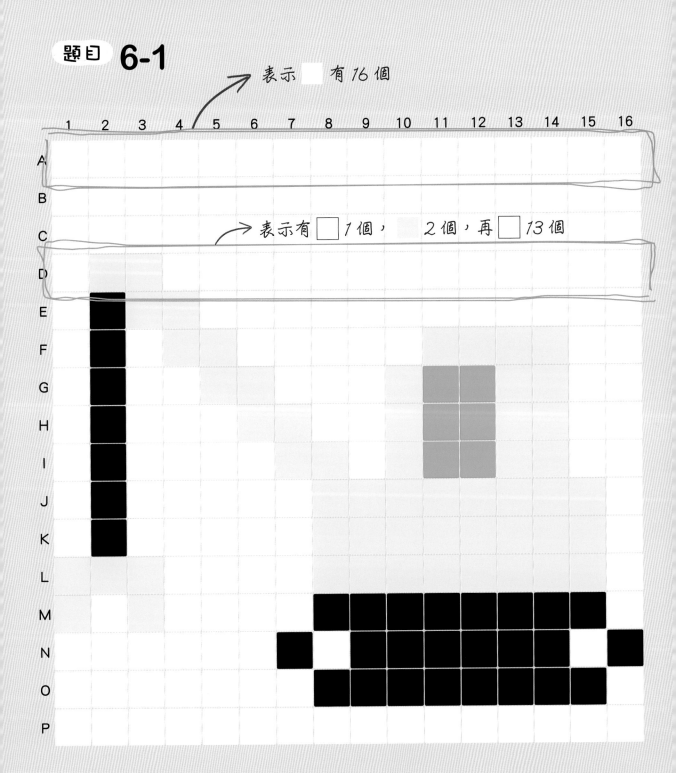

答案

A	
B	
C	
D	
E	
F	
G	
H	
I	
J	
K	
L	
M	
N	
O	
P	

	1	2	3	4	5	6	7	8	9	10	11	12	13	14	15	16
A																
B																
C																
D																
E																
F																
G				■												
H																
I		■														
J								■								
K																
L																
M								■	■	■	■	■	■	■	■		
N							■		■	■	■	■	■	■		■	
O								■	■	■	■	■	■	■	■		
P																

A

B

C

D

E

F

G

H

I

J

K

L

M

N

O

P

題目 6-3

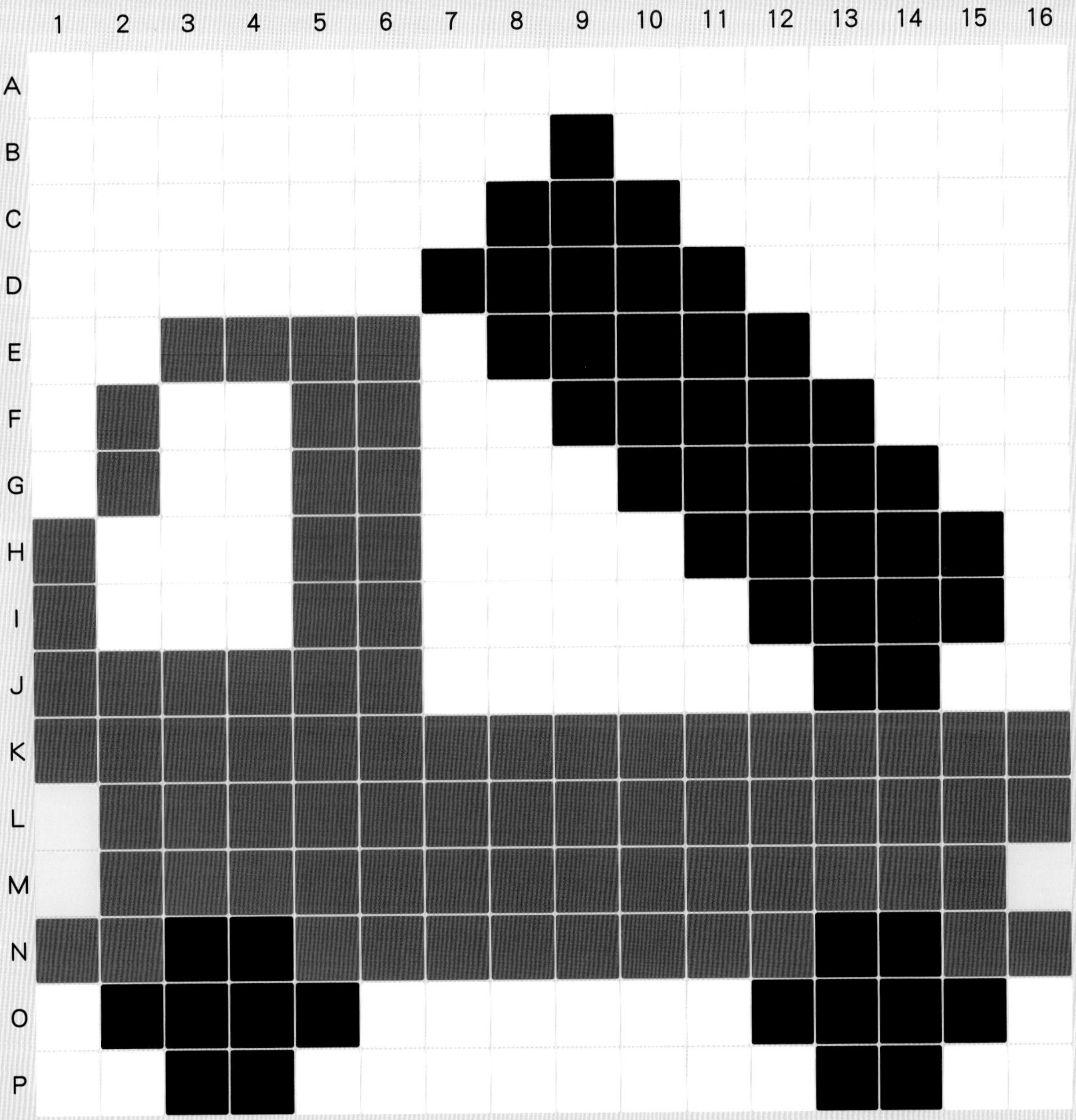

答案

A	
B	
C	
D	
E	
F	
G	
H	
I	
J	
K	
L	
M	
N	
O	
P	

題目 6-4

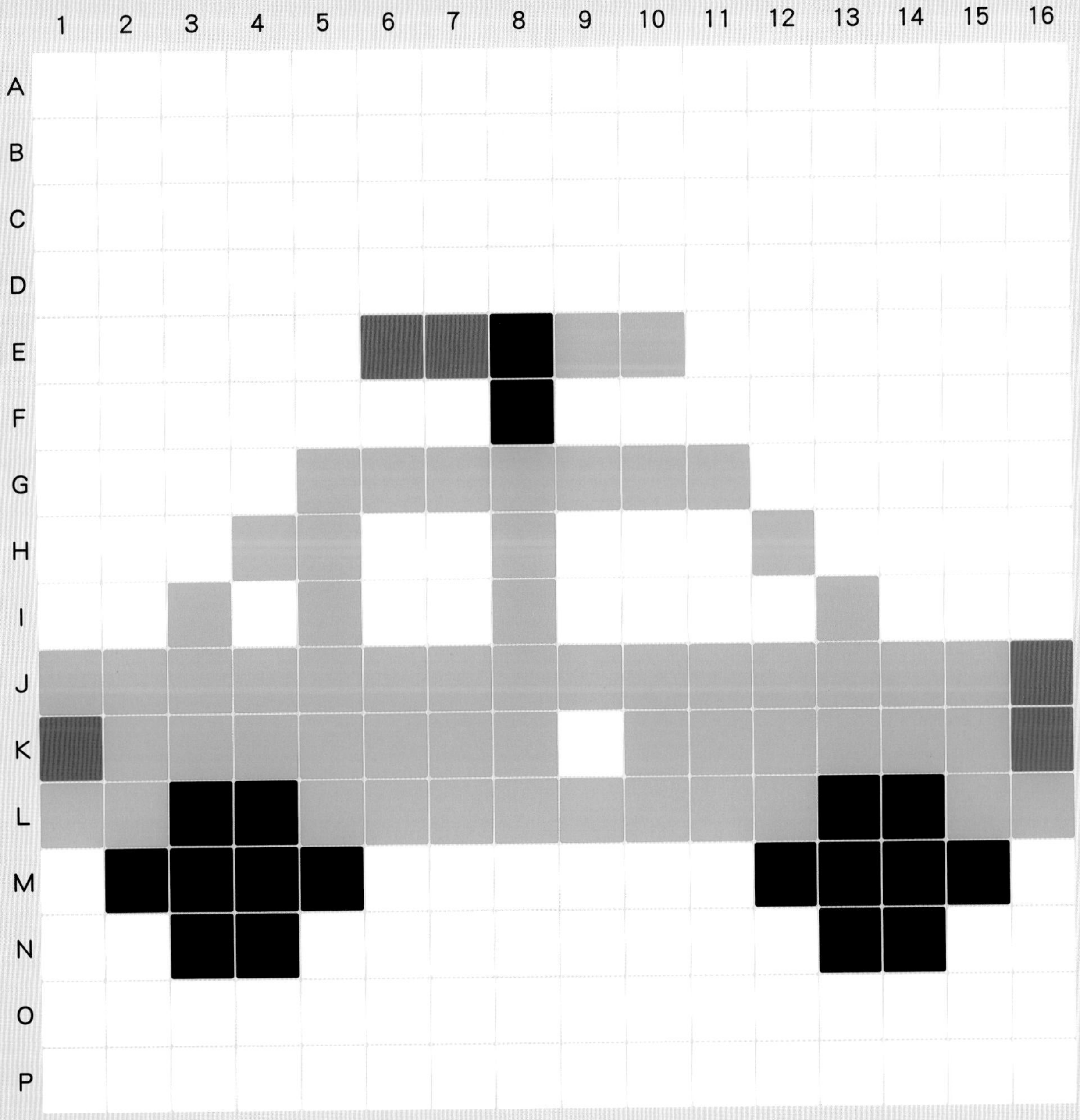

答案

A

B

C

D

E

F

G

H

I

J

K

L

M

N

O

P

	1	2	3	4	5	6	7	8	9	10	11	12	13	14	15	16
A																
B																
C																
D																
E																
F																
G																
H																
I																
J																
K																
L																
M																
N																
O																
P																

答案

A	
B	
C	
D	
E	
F	
G	
H	
I	
J	
K	
L	
M	
N	
O	
P	

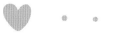

心得筆記

Part 7

迴圈與角度的認識
與練習（90 度角）

編碼程式中經常運用到的迴圈以及角度的概
念，為加強孩子對迴圈及角度的理解，讓我
們搭配角度圓盤的操作，透過簡單的繪圖，
讓孩子從遊戲操作中學習。

 迴圈：在程式編碼中即重複之意，
圖示中的數字即表示重複的次數。

① 在本書中，需要重複的指令採用橘色底色的區塊標示

② 表示右轉 90 度

③ 表示左轉 90 度

範例

① 若題目為

表示前進 6 格與右轉
90 度，需重複 2 次。

② 若題目為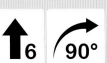

表示前進 6 格與右轉 90 度。
（因為是白底，不需重複）

左轉右轉，迴圈與 90 度角的練習

本單元包含轉 90 度角以及迴圈的指令，帶著「角度圓盤」和「指向圓盤」跟著接下來的指令前進，將角度圓盤前進的路徑用筆畫出來，看看會畫出什麼樣的圖案吧！

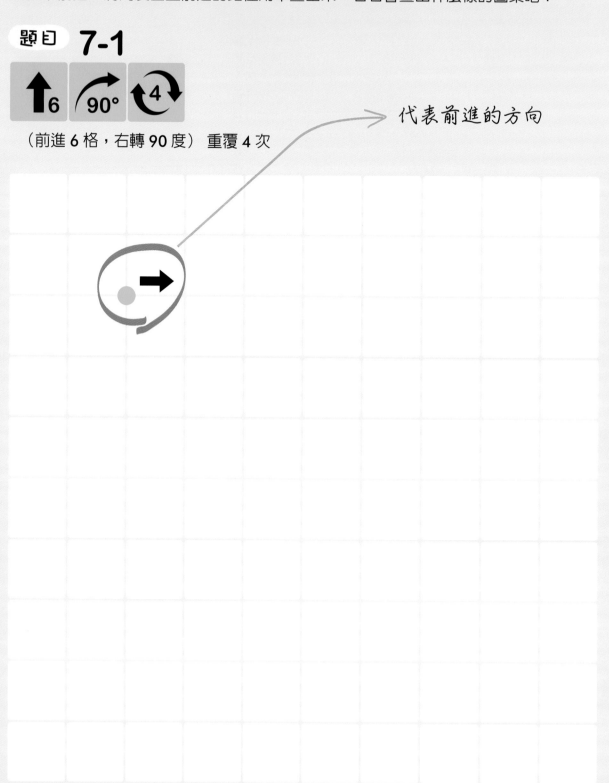

題目 7-1

（前進 6 格，右轉 90 度） 重覆 4 次

代表前進的方向

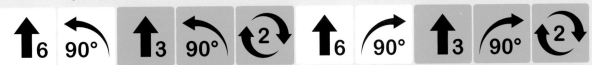

前進 6 格，左轉 90 度，（前進 3 格，左轉 90 度）重覆 2 次，前進 6 格，右轉 90 度，
（前進 3 格，右轉 90 度）重覆 2 次

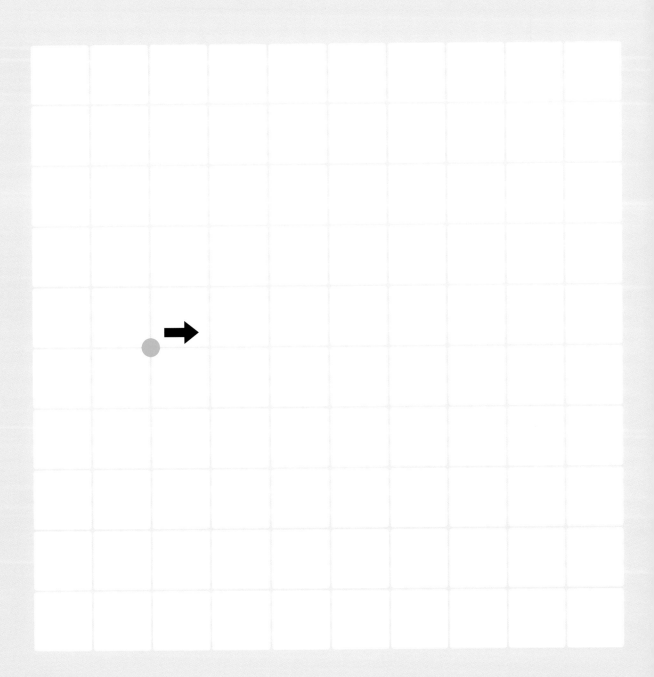

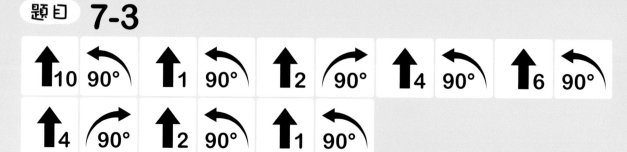

前進 10 格，左轉 90 度，前進 1 格，左轉 90 度，前進 2 格，右轉 90 度，前進 4 格，左轉 90 度，前進 6 格，左轉 90 度，前進 4 格，右轉 90 度，前進 2 格，左轉 90 度，前進 1 格，左轉 90 度

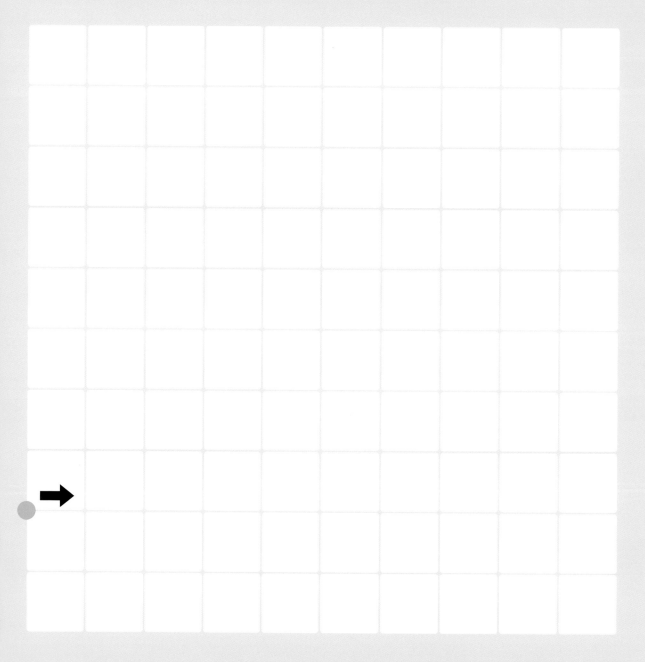

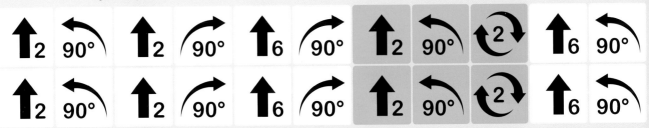

前進 2 格，左轉 90 度，前進 2 格，右轉 90 度，前進 6 格，右轉 90 度，（前進 2 格，左轉 90 度）重覆 2 次，前進 6 格，左轉 90 度，前進 2 格，左轉 90 度，前進 2 格，右轉 90 度，前進 6 格，右轉 90 度，（前進 2 格，左轉 90 度）重覆 2 次，前進 6 格，右轉 90 度

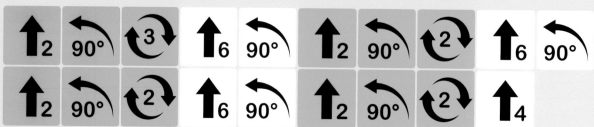

（前進 2 格，左轉 90 度）重覆 3 次，前進 6 格，左轉 90 度，（前進 2 格，左轉 90 度）重覆 2 次，前進 6 格，左轉 90 度，（前進 2 格，左轉 90 度）重覆 2 次，前進 6 格，左轉 90 度，（前進 2 格，左轉 90 度）重覆 2 次，前進 4 格

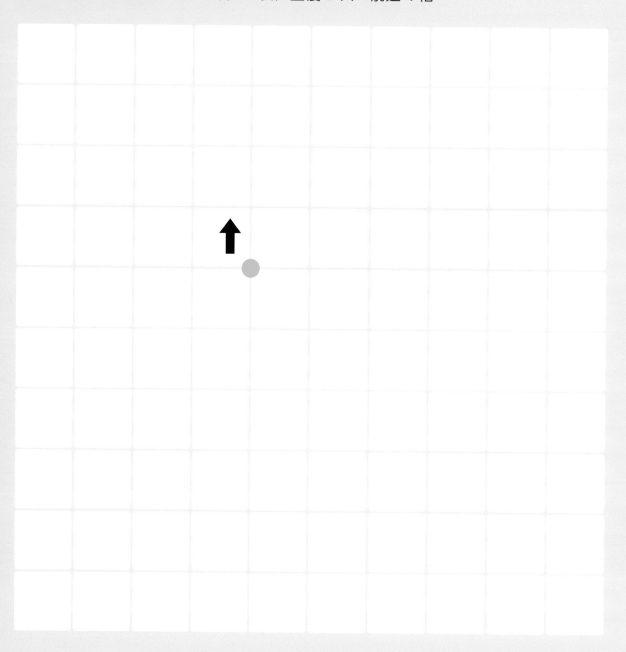

心得筆記

Part 8

迴圈與角度的認識
與練習（135 度角）

編碼程式中經常運用到的迴圈以及角度的概
念，為加強孩子對迴圈及角度的理解，搭配
角度圓盤的操作，透過簡單的繪圖，讓孩子
從遊戲操作中學習。

左轉右轉，迴圈與 135 度角的練習

本單元包含轉 135 度角以及迴圈的指令，帶著「角度圓盤」和「指向圓盤」跟著接下來的指令繼續前進，看看角度圓盤前進的路徑會畫出什麼樣的圖案。

題目 **8-1**

前進 6 格、左轉 90 度、（前進 6 格、左轉 135 度），重覆 2 次

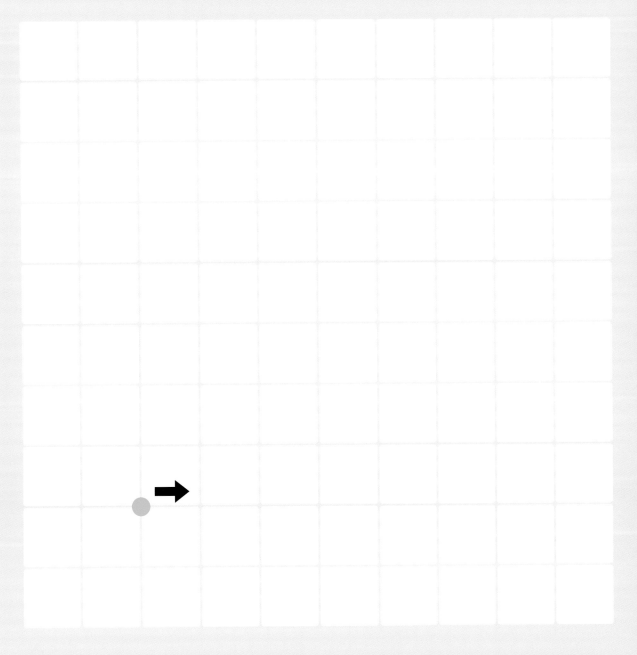

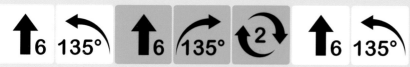

前進 6 格，左轉 135 度，（前進 6 格，右轉 135 度） 重覆 2 次，前進 6 格，左轉 135 度

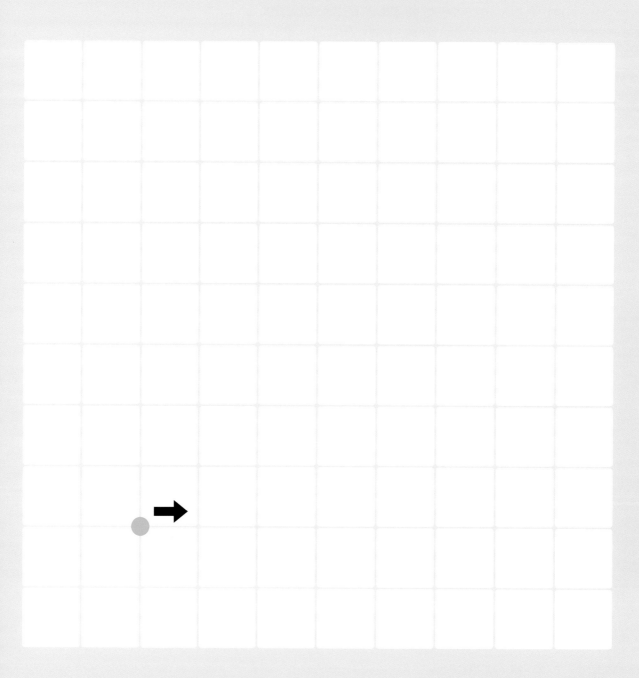

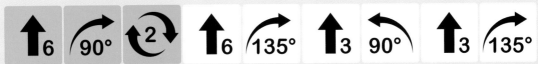

（前進6格，右轉90度）重覆2次，前進6格，右轉135度，前進3格，左轉90度，前進3格，右轉135度

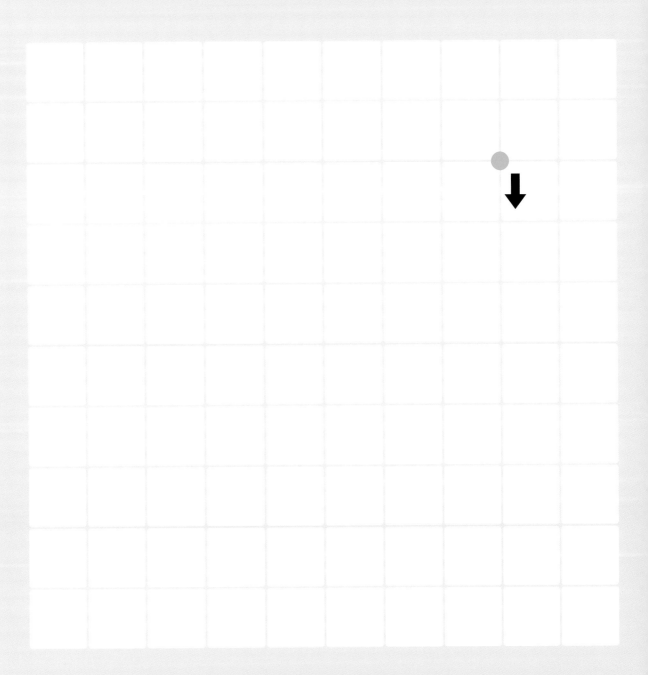

（前進 3 格，左轉 90 度，前進 3 格，左轉 135 度，前進 3 格，右轉 135 度）重覆 3 次，
前進 3 格，左轉 90 度，前進 3 格，左轉 135 度，前進 3 格

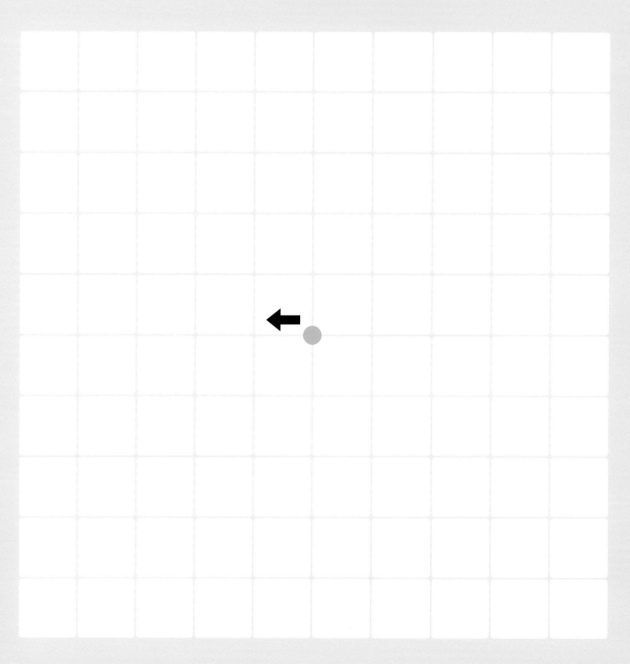

前進 2 格，左轉 135 度，前進 6 格，左轉 135 度，前進 4 格，左轉 135 度，前進 6 格，右轉 90 度，前進 5 格，左轉 135 度，前進 2 格，左轉 135 度，前進 6 格，左轉 135 度，前進 2 格，左轉 135 度，前進 5 格

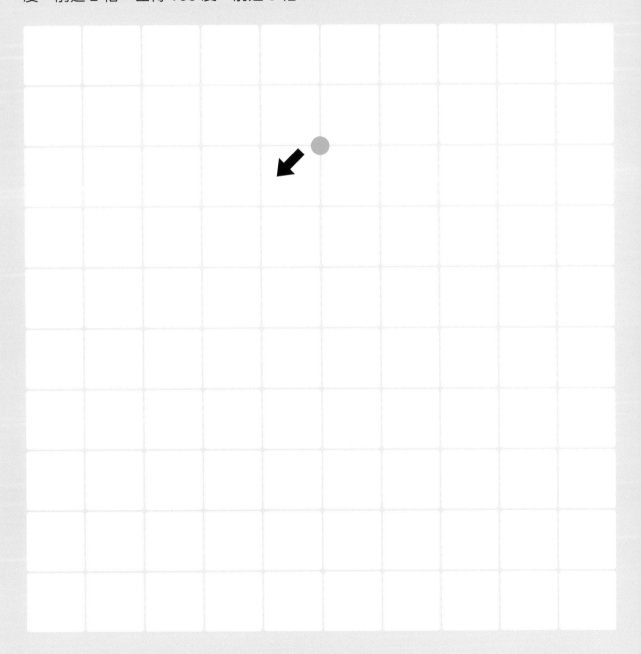

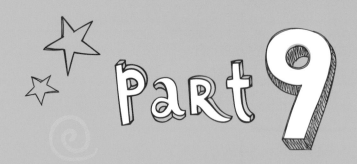

Part 9

迴圈與角度的練習
（鏡像圖形）

了解了角度與迴圈的基本概念後，
請試著畫出鏡像圖形，並寫出路徑。

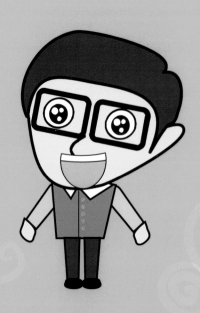

黑色的圖形只是完整圖形的一半,請畫出另一半的鏡像圖形,
並寫出路徑的完整指令。

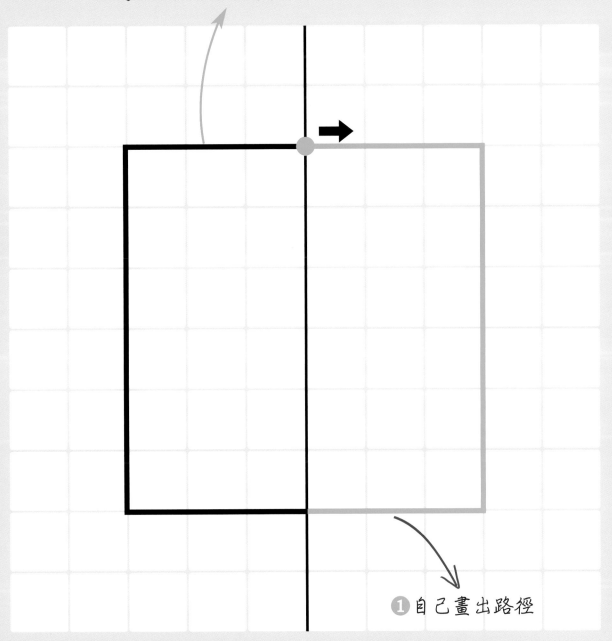

❶自己畫出路徑

寫出路徑

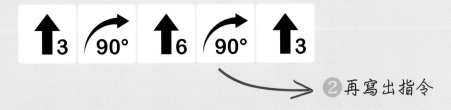

❷再寫出指令

題目 9-1

畫出鏡像圖案，並試著寫出路徑。

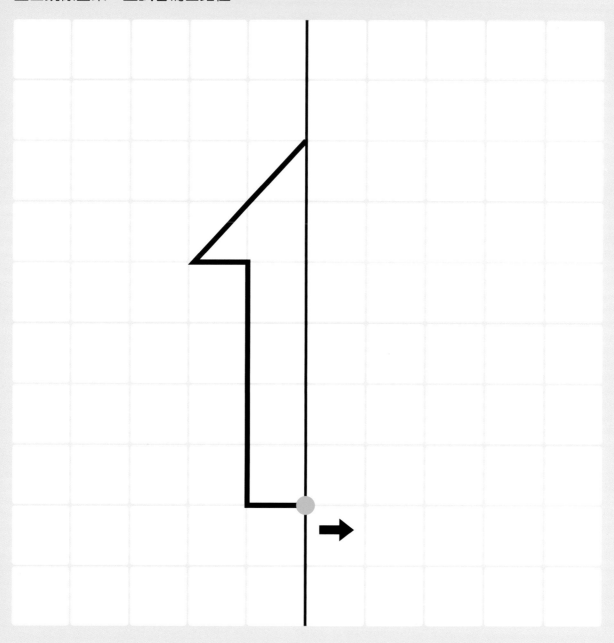

寫出路徑

畫出鏡像圖案，並試著寫出路徑。

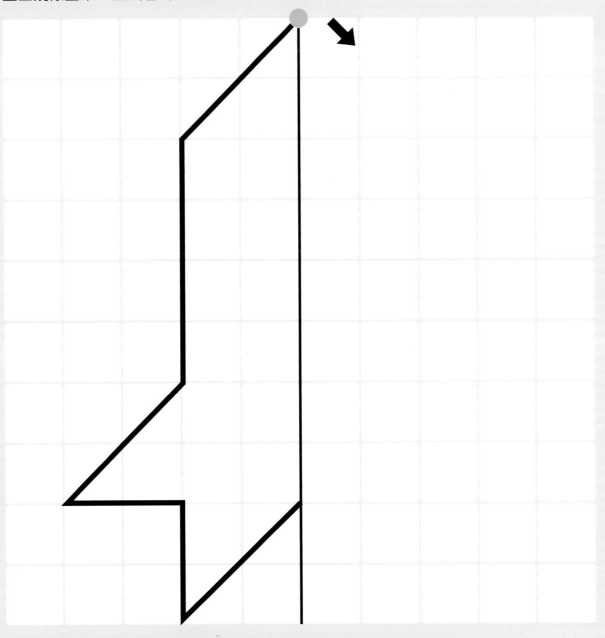

寫出路徑

畫出鏡像圖案，並試著寫出路徑。

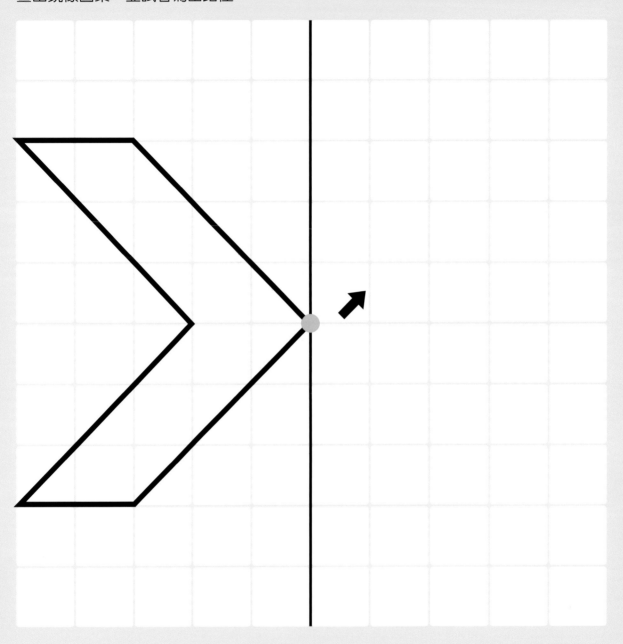

寫出路徑

畫出鏡像圖案，並試著寫出路徑。

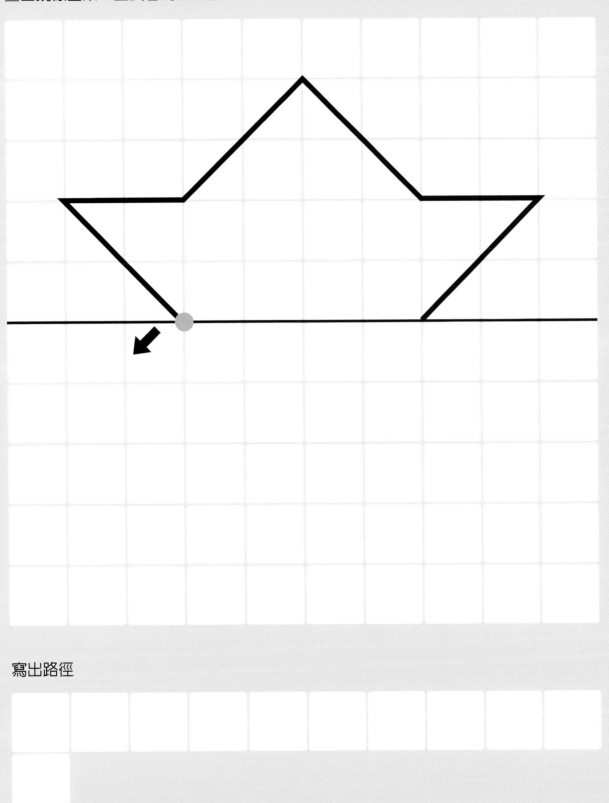

寫出路徑

畫出鏡像圖案，並試著寫出路徑。

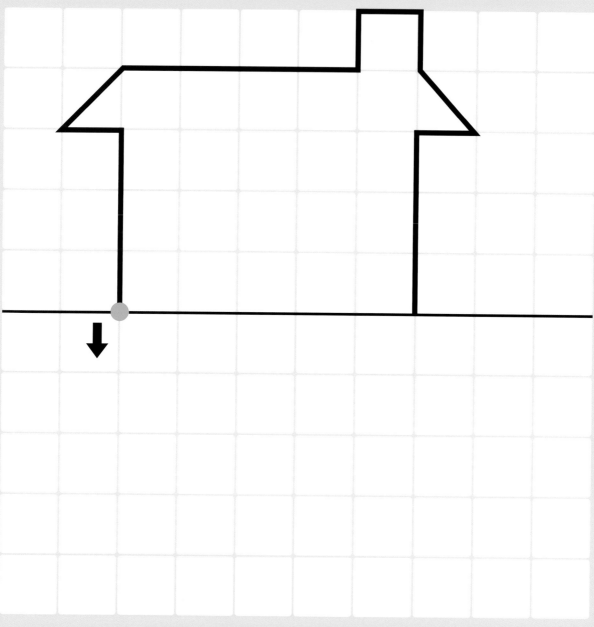

寫出路徑

畫出鏡像圖案，並試著寫出路徑。

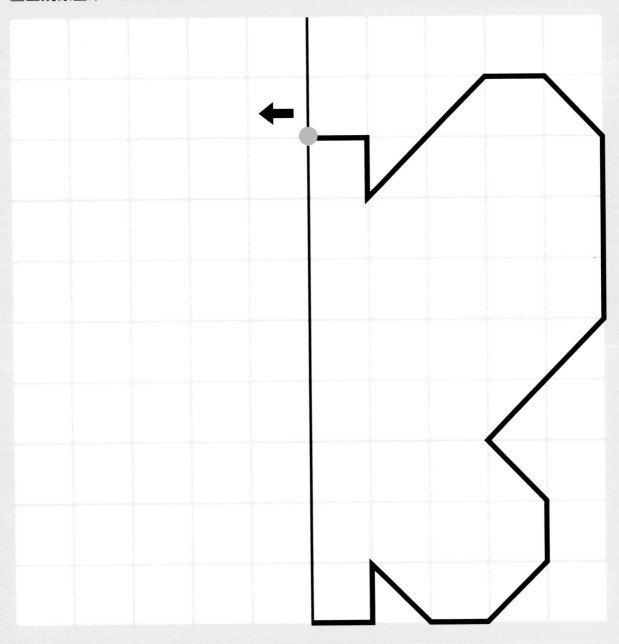

寫出路徑

Part 10

迴圈與角度
的進階挑戰

角度與指令的碰撞，也能編織出美麗的圖形。請依照指令完成圖形，然後用畫筆設計出屬於自己風格的圖形。

↑2	⤴45°	↑4	⤶45°	↑1	⤴45°	↑1	⤴135°	↑2
⤶45°	↑1	↻2	↑1	⤴135°	↑1	⤴45°	↑1	⤶45°
↑4	⤴45°	↑2						

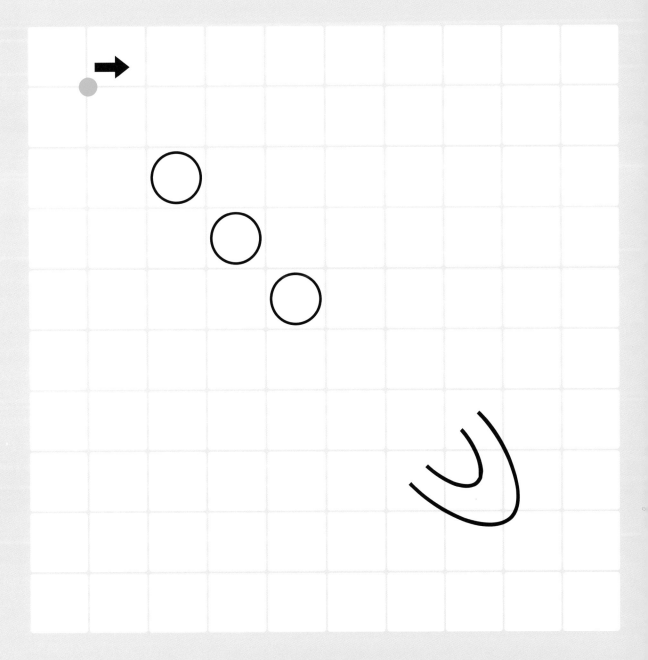

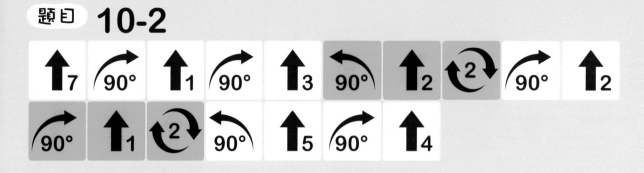

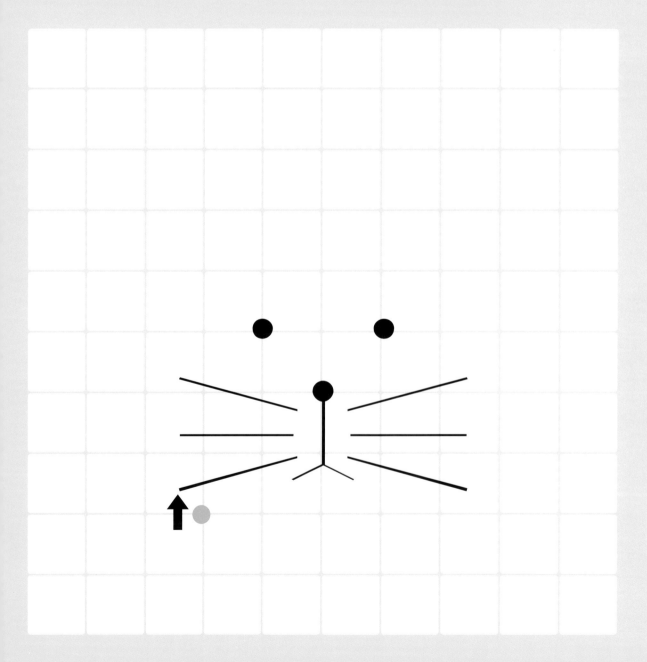

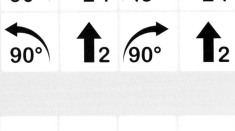

↑2 ↷90° ↑2 ↶90° ↑4 ↶90° ↑2 ↷90° ↑2 ↻3

↶90° ↑4 ↷45° ↑1 ↷45° ↑2 ↷45° ↑1 ↷45° ↑4

↶90° ↑2 ↷90° ↑2

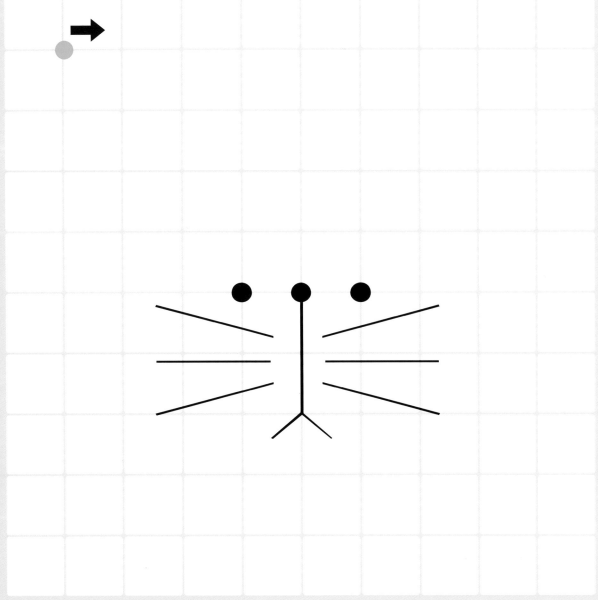

↑1	↱90°	↑3	↰90°	↑7	↱90°	↑6	↱90°	↑7	↱90°
↑2	↱90°	↑1	↱45°	↑1	↰45°	↑3	↰45°	↑1	↰45°
↑2	↰45°	↑1	↰45°	↑3	↰45°	↑1	↻2		

↑1　45°　↑1　135°　↑1　90°　↑1　↻3

90°　↑1　↻2　90°　↑1　↻3

90°　↑1　45°　↑1　45°　↑3

90°　↑1　90°　↑1　↻2　90°　↑1　↻2

90°　↑1　90°　↑1　90°　↑1　45°　↑1　↻2

90°　↑1　↻2　45°　↑1　45°　↑1　90°　↑1

45°　↑1　135°　↑1　45°　↑1　↻2　90°　↑2

90°　↑1　↻2　90°　↑1　↻2　45°　↑1　↻2

90°　↑1　↻2　90°　↑1　↻2　45°　↑1　45°　↑2

135°　↑1　45°　↑2　90°　↑1

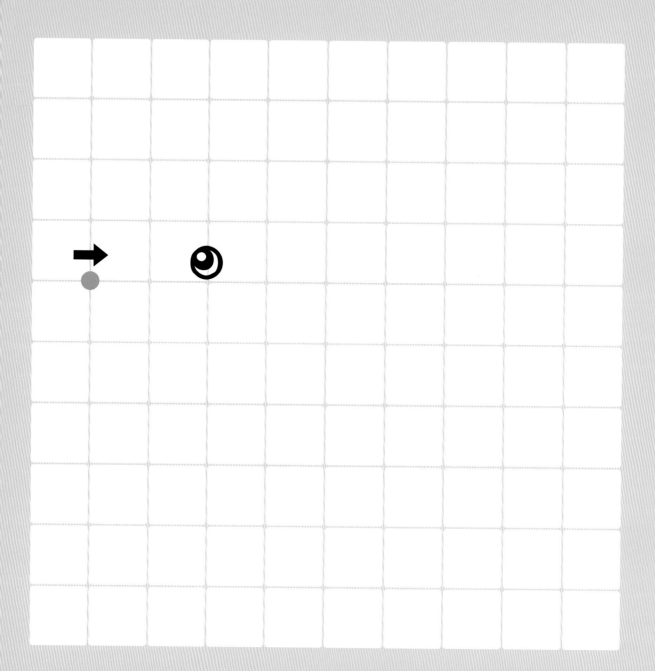

QRcode 裡的秘密

程式語言的應用

生活中經常看見 QRcode，我們只知道拿起手機掃描，卻不知道怎麼畫出來。QRcode 就是一種將文字轉換成為圖像的編碼。

在做過許多的練習題之後，小朋友們都應該很上手了吧!! 最後這一個練習，請小朋友依照指令將完整的 QRcode 用貼紙或畫筆逐一拼湊出來。完成之後，再請爸爸、媽媽用手機掃一下，看看裡面藏有什麼東西呢？

> QRcode
> 編碼指令：
> 每一個顏色及數字都代表著它在 25X25 方格中的絕對位置，解開謎題時，切記不要心急喔!!

（請至少用 2B 鉛筆塗好塗滿，增加成功機率）

現在就來把 QRcode 裡的秘密找出來吧！！

Part 1 0 與 1 的像素圖

題目 1-1

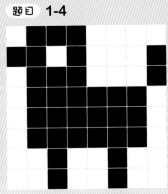

題目 1-2

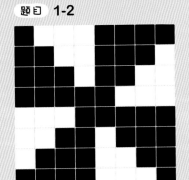

題目 1-3

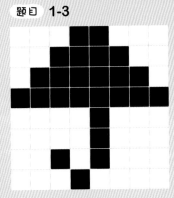

題目 1-4

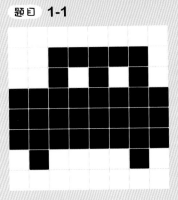

題目 1-5

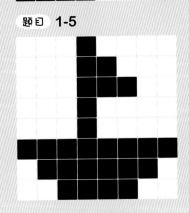

Part 2 解開像素圖的編碼

題目 2-1

0	0	0	1	1	0	0	0
0	0	1	0	1	1	0	0
0	1	0	1	1	1	0	0
0	0	0	1	1	0	0	0
0	0	0	0	1	0	0	0
0	0	0	1	1	0	0	0
0	0	0	0	1	0	0	0
0	0	0	1	1	0	0	0

題目 2-2

0	0	0	0	0	0	0	0
0	0	0	1	0	0	0	0
0	0	1	0	1	0	0	0
0	0	0	0	1	0	0	0
0	0	0	1	0	0	0	0
0	1	1	1	1	0	0	0
1	0	0	0	0	1	0	
1	1	1	1	1	1	0	

題目 2-3

0	0	1	0	0	0	0	0
1	0	0	1	0	0	0	0
0	1	0	0	1	0	0	0
0	0	1	0	1	0	0	0
0	0	0	1	0	0	0	0
1	1	1	1	1	1	1	1
1	1	1	1	1	1	1	1
0	1	1	1	1	1	1	0

題目 2-4

1	0	1	0	1	0	1	0
0	1	0	1	0	1	0	1
1	0	1	0	1	0	1	0
0	1	0	1	0	1	0	1
1	0	1	0	1	0	1	0
0	1	0	1	0	1	0	1
1	0	1	0	1	0	1	0
0	1	0	1	0	1	0	1

題目 2-5

1	1	1	1	1	1	1	1
1	0	0	0	0	0	0	1
1	0	1	0	0	1	0	1
1	0	0	0	0	0	0	1
1	0	0	0	0	0	0	1
1	0	0	1	1	0	0	1
1	0	0	0	0	0	0	1
1	1	1	1	1	1	1	1

Part 3 用 0 與 1 完成圖形

題目 3-1

題目 3-2
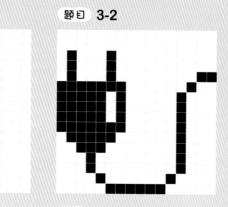

題目 3-3

題目 3-4
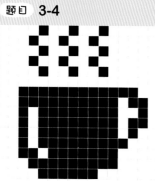

題目 3-5
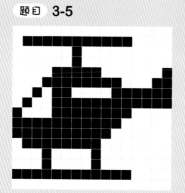

Part 4 找出編碼路徑

題目 4-1
題目 4-2
題目 4-3
題目 4-4
題目 4-5

題目 4-6
題目 4-7
題目 4-8
題目 4-9
題目 4-10

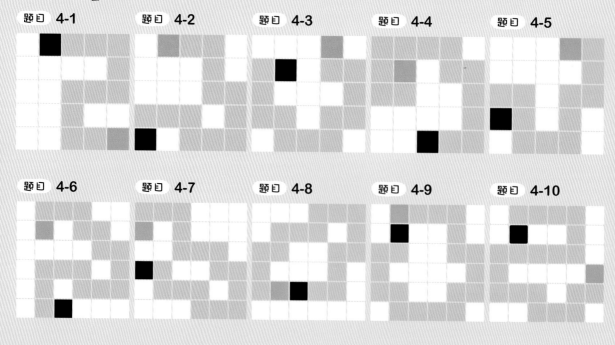

解答

111

題目 5-1

題目 5-2

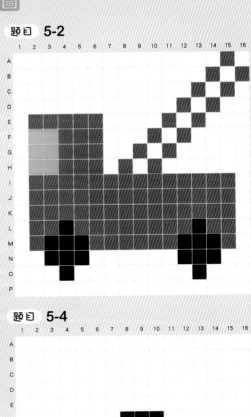

題目 5-3

題目 5-4

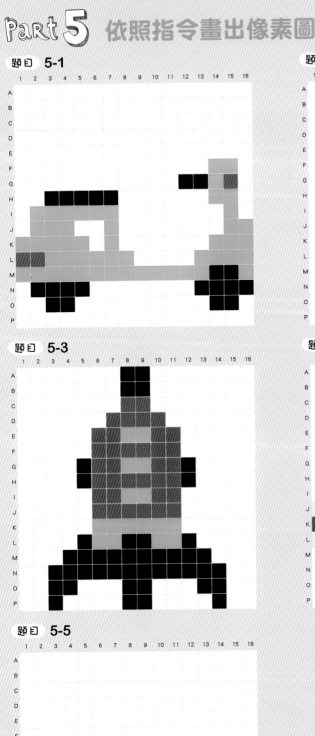

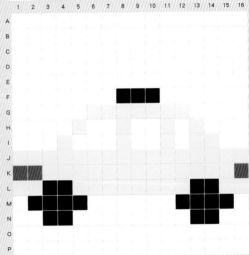

題目 5-5

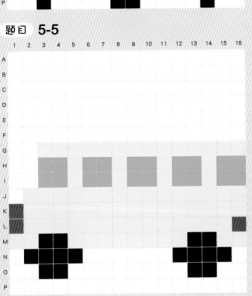

題目 6-1

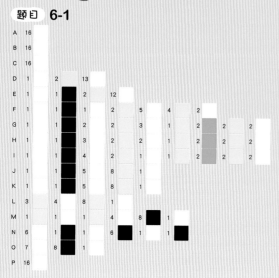

題目 6-2

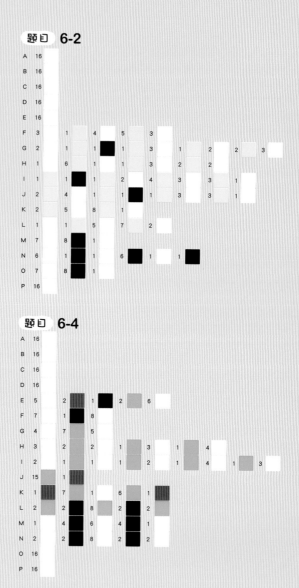

題目 6-3

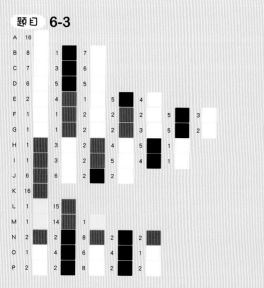

題目 6-4

題目 6-5

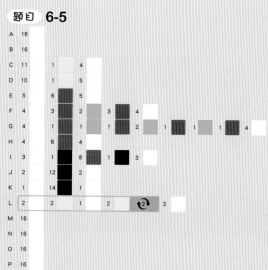

題目 7-1

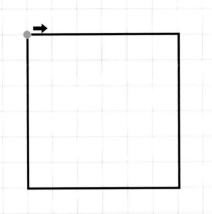

題目 7-2

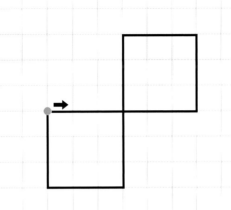

題目 7-3

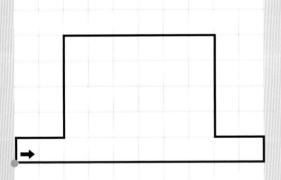

題目 7-4

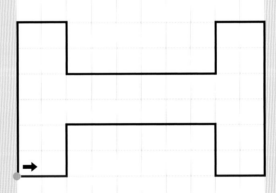

題目 7-5

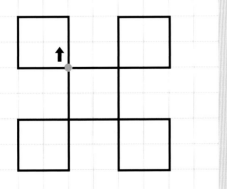

解答

題目 8-1

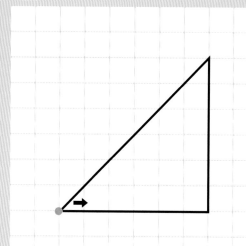

題目 8-2

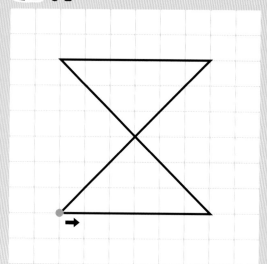

題目 8-3

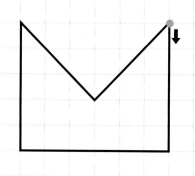

題目 8-4

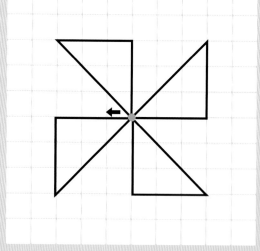

題目 8-5

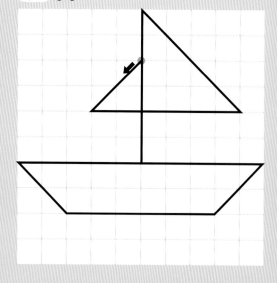

解答

題目 9-1

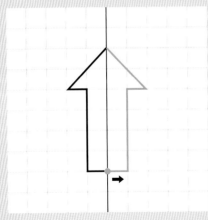

⬆1 ↷90° ⬆4 ↷90° ⬆1 ↷135° ⬆2

題目 9-2

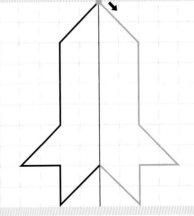

⬆2 ↷135° ⬆4 ↷135° ⬆2 ↷135° ⬆2 ↷90° ⬆2 ↷135° ⬆2

題目 9-3

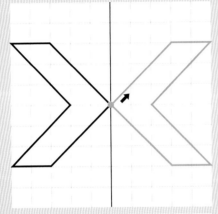

⬆3 ↷45° ⬆2 ↷135° ⬆3 ↷90° ⬆3 ↷135° ⬆2 ↷45° ⬆3

題目 9-4

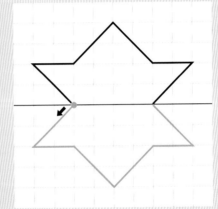

⬆2 ↷135° ⬆2 ↷45° ⬆1 ↷90° ⬆2 ↷45° ⬆2 ↷135° ⬆2

題目 9-5

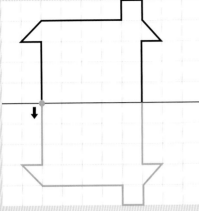

⬆3 ↷90° ⬆1 ↷135° ⬆1 ↷45° ⬆4 ↷90° ⬆1 ↷90° ↻2 ⬆1 ↷45° ⬆1 ↷135° ⬆1 ↷90° ⬆3

題目 9-6

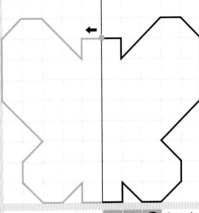

⬆1 ↷90° ⬆1 ↷135° ⬆2 ↷45° ⬆1 ↷2 ↷45° ⬆3 ↷45° ⬆2 ↷90° ⬆1 ↷45° ⬆1 ↷4 ↷135° ⬆1 ↷90° ⬆1

解答

題目 10-1

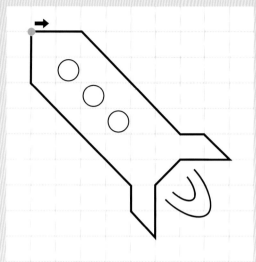

題目 10-2

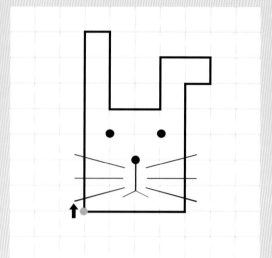

題目 10-3

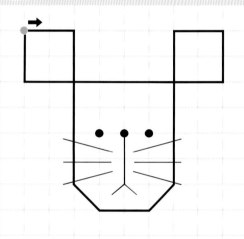

題目 10-4

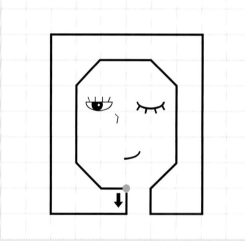

題目 10-5

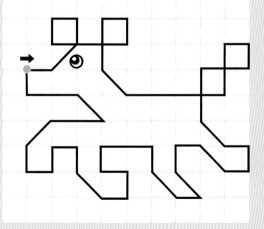

QRcode 裡的秘密

掃 QRcode 時注意圖型需完全置於
方框內，並拉遠鏡頭使圖型變小。

解答

國家圖書館出版品預行編目資料

不插電也能學編碼／王啟仲超級奶爸W.C.C.著. --
初版. -- 臺北市：商周出版：家庭傳媒城邦分公司
發行，民108.10
128面；19×26公分
ISBN 978-986-477-746-4（平裝）
1. 電腦教育　2. 學前教育　3. 親職教育
523.23　　　　　　　　　　　　　　　　1080

不插電也能學編碼
從0與1開始的57道Coding練習題

作　　　者／王啟仲（超級奶爸WCC）
責 任 編 輯／張曉蕊
協 作 編 輯／Serena

版 權 部／黃淑敏
行 銷 業 務／莊英傑、王瑜、周佑潔
總 編 輯／陳美靜
總 經 理／彭之琬
事業群總經理／黃淑貞
發 行 人／何飛鵬
法 律 顧 問／台英國際商務法律事務所　羅明通律師
出　　　版／商周出版
　　　　　　臺北市中山區民生東路二段141號9樓
　　　　　　電話：(02) 2500-7008　傳真：(02) 2500-7759
　　　　　　E-mail：bwp.service@cite.com.tw
發　　　行／英屬蓋曼群島商家庭傳媒股份有限公司城邦分公司
　　　　　　臺北市中山區民生東路二段141號2樓
　　　　　　讀者服務專線：0800-020-299　24小時傳真服務：(02)2517-0999
　　　　　　讀者服務信箱E-mail：cs@cite.com.tw
劃 撥 帳 號／19833503　戶名：英屬蓋曼群島商家庭傳媒股份有限公司城邦分公司
訂 購 服 務／書虫股份有限公司客服專線：(02)2500-7718；2500-7719
　　　　　　服務時間：週一至週五上午09:30-12:00；下午13:30-17:00
　　　　　　24小時傳真專線：(02)2500-1990；2500-1991
　　　　　　劃撥帳號：19863813　戶名：書虫股份有限公司
　　　　　　E-mail：service@readingclub.com.tw
香 港 發 行 所／城邦(香港)出版集團有限公司
　　　　　　香港灣仔駱克道193號東超商業中心1樓
　　　　　　電話：(852) 2508 6231　傳真：(852) 2578 9337
馬 新 發 行 所／城邦(馬新)出版集團
　　　　　　Cité (M) Sdn. Bhd. (458372U)
　　　　　　11, Jalan 30D/146, Desa Tasik, Sungai Besi,
　　　　　　57000 Kuala Lumpur, Malaysia.
　　　　　　電話：603-90563833　傳真：603-90562833
　　　　　　行政院新聞局北市業字第913號

內 頁 排 版／綠貝殼資訊有限公司
印　　　刷／鴻霖印刷傳媒有限公司
總 經 銷／聯合發行股份有限公司　電話：(02)2917-8022　傳真：(02)2911-0053

■ 2019年（民108）10月初版
■ 2019年（民108）11月5日初版3刷

定價／390元
ISBN 978-986-477-746-4

Printed in Taiwan

城邦讀書花園
www.cite.com.tw

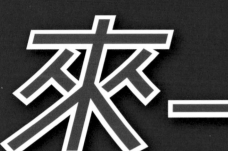
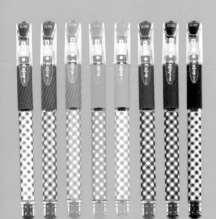
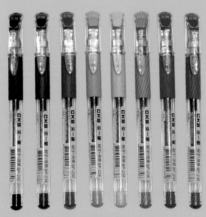

CKS 去漬寶

去污 馬上好

衣物
急救站

急救三步驟

車內 辦公室 家內
可隨身攜帶或置於皮包

①

按壓
輕壓筆頭數次

②

塗抹
於污漬處塗抹

③

擦拭
濕布來回擦拭

馬上
擦乾淨

○ 紅酒　○ 葡萄汁
○ 紅茶　○ 蕃茄醬
○ 醬油　○ 柳橙汁
○ 芥末　○ 巧克力

輕輕 **擦** 污漬馬上消失
就是這麼簡單

CKS 新雪克實業有限公司　02-2610-5566

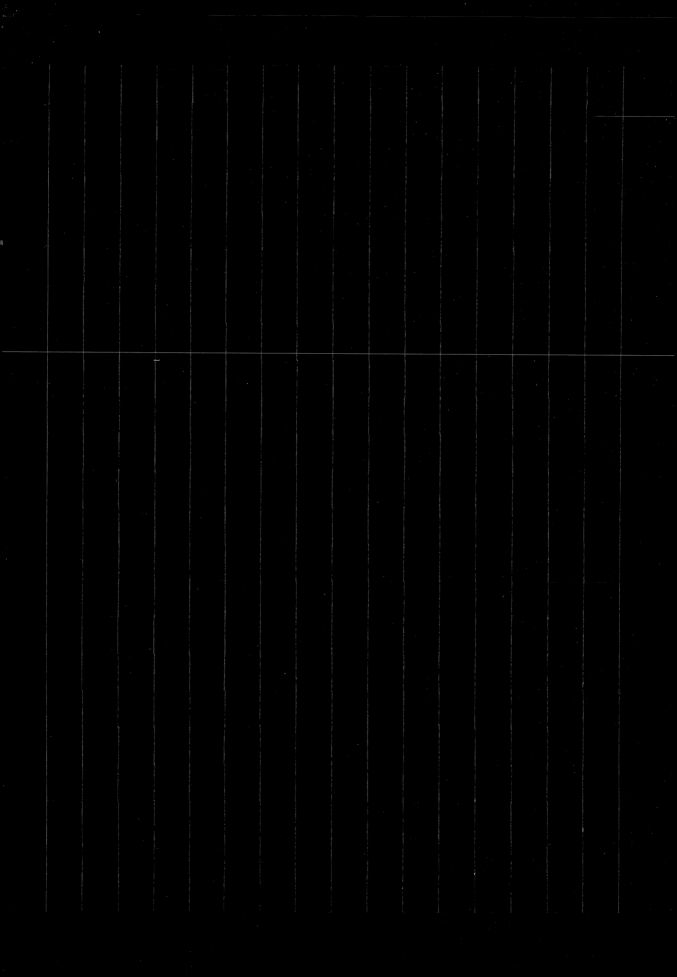

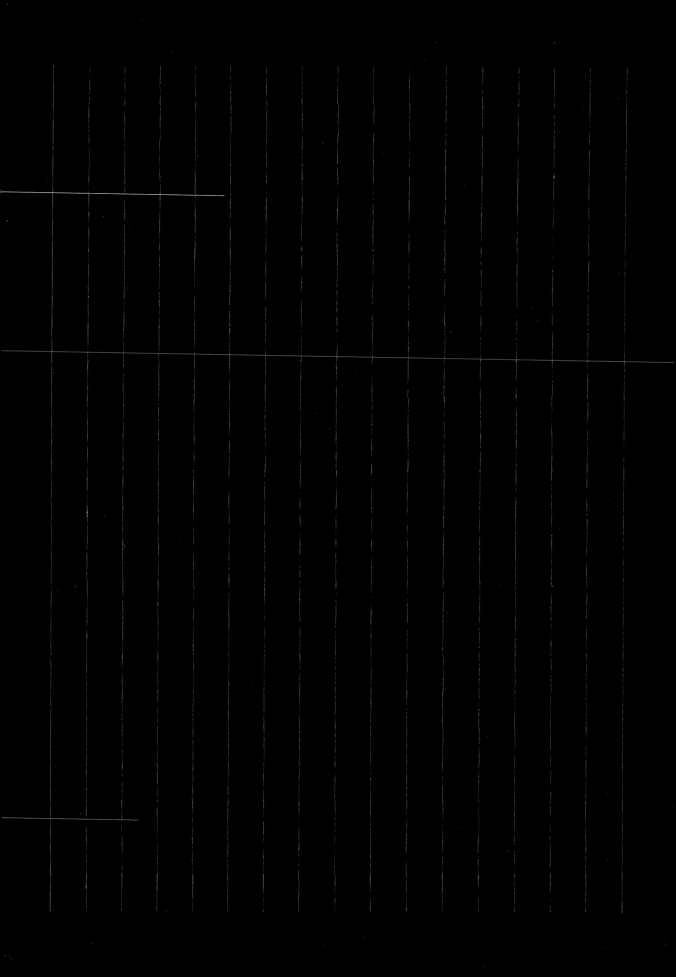

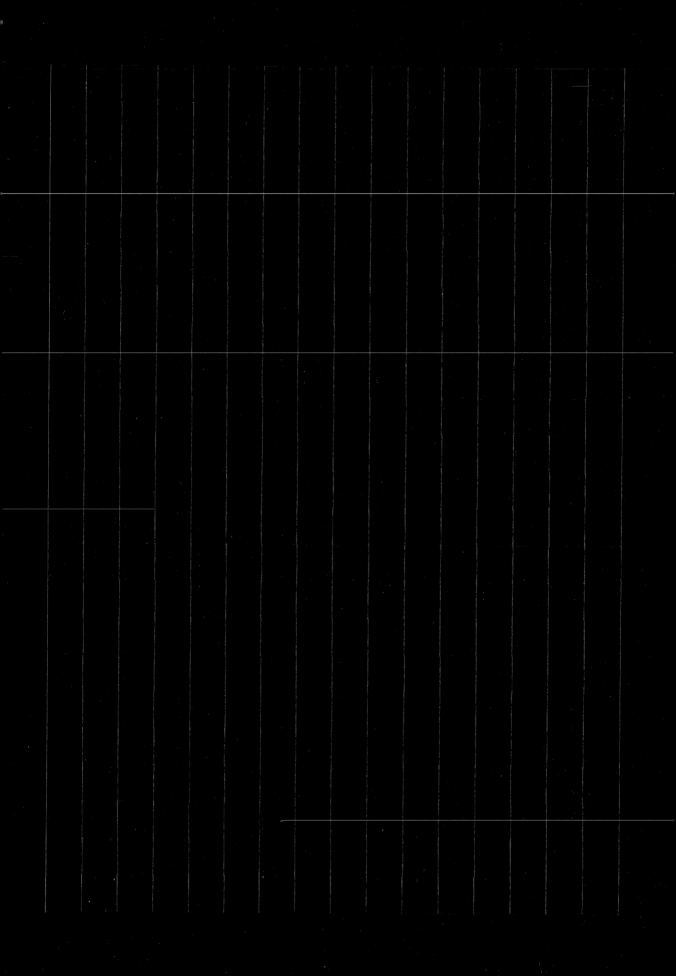